www.ingramcontent.com/pod-product-compliance
Lightning Source LLC
Chambersburg PA
CBHW051355280526
45784CB00007B/2967
* 9 7 8 1 0 9 9 9 8 2 5 1 4 *